好きからはじまる！

未来につながる「世界の賞」

①実験・発明・研究が好きなきみへ

著「世界の賞」取材班

汐文社

はじめに

好きなことは何ですか？

何をしているときが、いちばん楽しいですか？

興味のあることは何でしょう。

この本では、さまざまな「賞」を取った人がたくさん登場します。

好きなものを追求して研究した結果、賞に結びついた人、

自分の弱点や困りごとを解決するために発明したものが、賞に結びついた人……。

どの人も、きっかけは「小さな興味」でした。

その好奇心を満たすために行動する。

行動し続ける。

何かの成果が生まれる。

それが仕事に結びつく……。

今、夢中になれるものを持っている人にも

まだ持っていない人にとっても

好きなことを生かすヒントがこの本にはあります。

失敗から学ぶことがたくさんあるよ。

弱点は強みになるよ。

そんなメッセージを受け取っていただけると幸いです。

「世界の賞」取材班

※本書に掲載されている情報は、2024年12月末現在のものです。最新の情報をご確認ください。なお、賞名は受賞当時の名称を紹介しています。

この本のみかた

この本では、テーマごとに受賞した人のインタビューを紹介しています。
またそのテーマの大会やコンテストなども紹介しています。

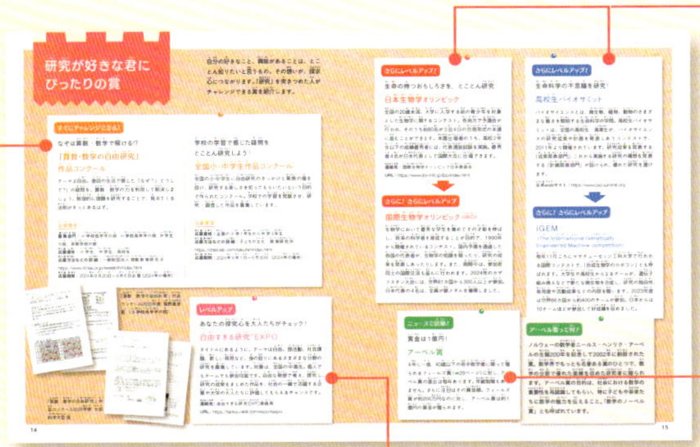

国内の大会や、国際大会にまでつながっている賞を紹介しています。

小学生や中学生がすぐに応募できる賞を紹介しています。

小学生や中学生、高校生になってからでも応募できる賞を紹介しています。

ニュースなどでも話題になっている賞を紹介しています。

「好き！」の先にあるいろいろな賞は、実験や発明、研究、世界平和などのテーマに、小学生から応募できる賞を紹介しています。

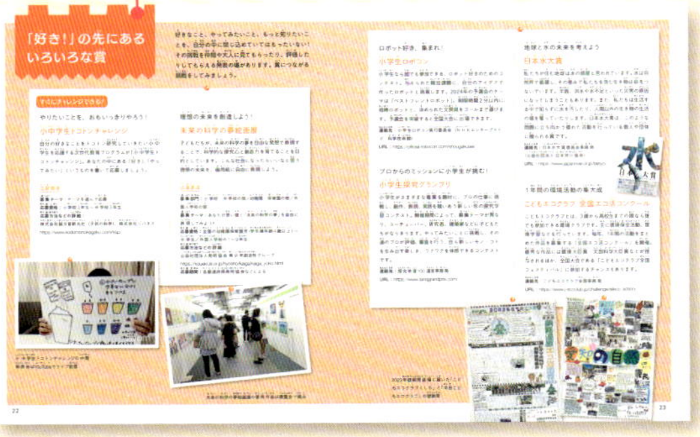

「高校生科学技術チャレンジ(JSEC)」で文部科学大臣賞を受賞

人の力で操作することにこだわるロボットを開発！

インタビュー

吉藤健太朗さん

奈良県立王寺工業高等学校２年生（受賞時）
株式会社オリィ研究所
代表取締役所長／ロボットコミュニケーター（現在）

高校時代に開発した「電動車いすWander」に座る吉藤さん

孤独という精神的ストレスを、社会からなくしたい

幼いころ、折り紙が大好きだった吉藤さん。見本がなくても、自分で折り方を考案して複雑な作品を作っていました。そこからロボット製作をはじめ、中学１年生の夏、母が応募した「ロボットコンテスト」で見事優勝しました。

高校時代に製作した、段差を片輪ずつ上がる電動の車いす「Wander」が、高校生科学技術チャレンジ（JSEC）の文部科学大臣賞受賞へとつながります。その後高齢者の声を直接聞く中で、多くの人が「孤独」の問題を抱えていることに気づいた吉藤さんは、「移動できない人が社会に参加できるようにするために、心を運ぶロボットを開発したいと強く思うようになった」と言います。

現在の肩書は、ロボットコミュニケーター。離れた人と人を結びつける分身ロボット「OriHime」を開発しました。「私がこだわっているのは、AIの力ではなく人の力で操ることです」と吉藤さん。「人とロボット」ではなく、「人と人」をつなぐロボットの研究を続けています。

OriHimeの製作現場

高校生と高等専門学校生が挑む
科学の自由研究コンテスト
「高校生・高専生科学技術チャレンジ（JSEC）」

日本の科学技術水準の向上を目的に、2003年にはじまったコンテスト。優秀な作品には、文部科学大臣賞・科学技術政策担当大臣賞・科学技術振興機構賞が与えられる。またリジェネロン国際学生科学技術フェア（Regeneron ISEF）という国際大会出場のチャンスが与えられる。

※2020年から名称変更。

吉藤さんの道のり

中1
「虫型ロボットコンテスト」関西大会で優勝

中2
「虫型ロボットコンテスト」全国大会で準優勝。コンテスト会場で久保田憲司先生と出会い、ロボット工学の世界を志す。これが不登校から抜け出すきっかけに

高2
「第2回高校生科学技術チャレンジ（JSEC）」文部科学大臣賞受賞

高校生科学技術チャレンジ（JSEC）の表彰式

高3
世界大会である「国際学生科学技術フェア（ISEF）」に日本代表として出場し、機械工学部門3位に

23歳
早稲田大学在籍中に、「WASEDAものづくりプログラム」優勝

29歳
アジアを代表する青年30人を選出する「30 Under 30 2016 Asia」に選ばれる

35歳
「Prix Ars Electronica 2022」でデジタルコミュニティ部門の最高賞「Golden Nica」を受賞

何がしたいかを考えるとき、自分にできないものが大きな武器に！

吉藤さんは、病弱だったこともあり、小学5年生から中学2年生までの3年半、不登校で引きこもり生活を送っていました。「自分なんていない方がいい。どうして生きているんだろう」と考えるような日々でした。そんな中で、「もし自分に、もうひとつ健康な体があれば、学校に行けていたかもしれない」と考えるように。この考えが、「OriHime」誕生へとつながっていきます。コミュニケーションが苦手で、孤独だった自分の弱点をきっかけに、一生をかけて社会から孤独をなくすことを目指そうと決めたのです。

未来へ

人と人とがいつでもつながる未来へ

私は開発したロボットに、「七夕の織姫と彦星のように、離れている人に会えますように」と願って、OriHimeと名づけました。テレビ電話とちがう点は、ロボットという分身が「その場にいる」ということ。その場に自分が参加し、コミュニケーションを取れることを目的としています。ケガで遠足に参加できない小学生、病気で孫の結婚式に参加できないおじいさん、そんな人たちに代わり、OriHimeがその場に参加し、自分の意思を遠隔で伝えてくれるのです。「ベッドの上にいながら、会いたい人と会い、社会に参加できる未来の実現」を理念に、開発を進めています。どんな形であれ、みなさんにもコミュニケーションを大事にしてほしいですね。

発明が好きな君にぴったりの賞

発明は、生活をもっと楽にしたり、楽しくしたりするための大切なアイデアです。ここではさまざまな「発明」をした人のための賞を紹介します。

すぐにチャレンジできる!

君のひらめきがヒット商品に!

身近なヒント発明展

募集部門はユーモア発明、生活、健康、子ども発明部門など全部で12部門。アイデアを求める企業が「商品化採用」を前提に審査に参加。「街の発明家のアイデア」と「商品化できるアイデアを求める協賛企業」とを結びつけるコンクールです。小学生からご年配の方まで、年齢性別、職業問わず誰でも応募可能。誰もがアイデア商品化採用に挑戦できます。

応募要項

募集テーマ：生活用品関係、アプリ部門、こども発明部門など12部門

応募資格：小中学生から年配の方まで、年齢・性別・職業不問

応募方法などの詳細：一般社団法人発明学会

https://www.hatsumei.or.jp/contest/hint.html

あったらいいな!

樫尾俊雄 発明アイディアコンテスト

子どもたちに、「発明」を通して社会に貢献する喜びを体験してもらい、未来の発明家を目指すきっかけにしてほしいという思いから生まれたコンテスト。カシオ計算機創業者のひとりで、発明家である樫尾俊雄の理念を伝える「樫尾俊雄発明記念館」の主催。

応募要項

募集テーマ：人の役に立つもの、生活に便利で役立つもの、未来の世界であったらいいなと思うもの、体の不自由な人に役立つもの

応募資格：全国の小学生（個人のみ）

応募方法などの詳細：子どもたちみんなが発明家事務局

https://hatsumeicontest.jp/contest/

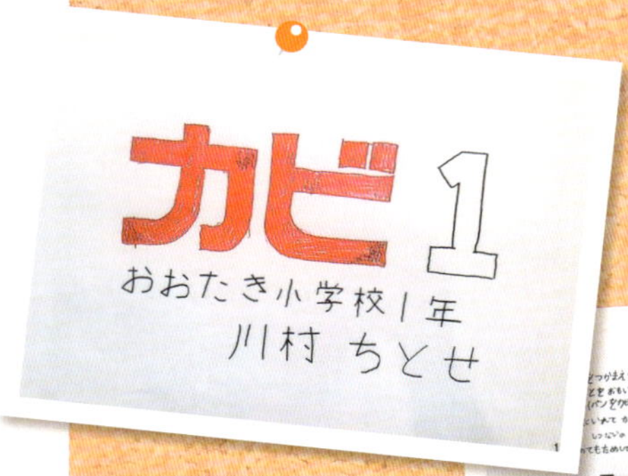

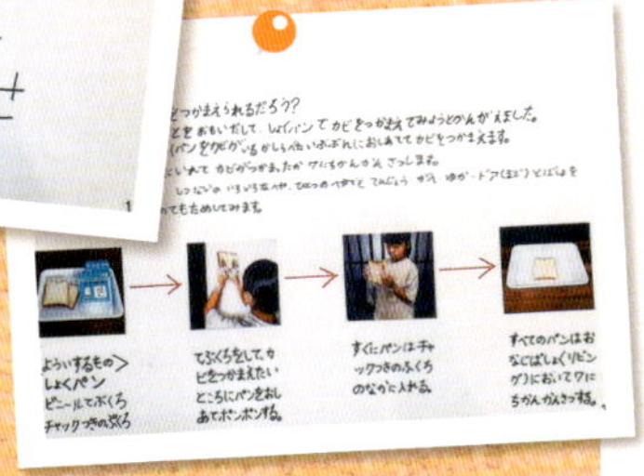

全国児童才能開発コンテスト科学部門令和5年度受賞作品　文部科学大臣賞（低学年の部）

レベルアップ

君のアイデアが世界を変える

全国児童才能開発コンテスト 科学部門

昭和38年に制定、以来毎年行われているコンテスト。子どもたちの科学への興味や才能を育むことを目的としたもので、科学に関するテーマにそって自分のアイデアや実験結果を発表、審査員によって評価されます。科学部門は、県または市郡などで開かれる理科・科学作品展などの中から、その主催団体が推薦する優秀な作品だけが応募できます。

連絡先：（公財）才能開発教育研究財団　全国児童才能開発コンテスト事務局

URL：https://www.sainou.or.jp/contest/about/index.html

さらにレベルアップ！

チームで力をあわせれば、大きな力に！

全国少年少女チャレンジ創造コンテスト（通称：チャレコン）

チームでひとつの課題に取り組み、つくった作品やパフォーマンスなどで日本一を目指す「はつめいキッズ」のためのコンテスト。地区大会を勝ち抜いて、全国大会を目指そう！

連絡先：公益社団法人発明協会

URL：https://kids.jiii.or.jp/main/challecon

さらに！ さらにレベルアップ

全国少年少女チャレンジ創造コンテスト　全国大会

小学校3年生から中学校3年生までの2～3名でチームを組み、自分たちでつくった作品を、プレゼンテーションをまじえながら観客の前で発表。地区大会で勝ち抜いた小・中学生60チームが集結し、日本一を競います。

さらにレベルアップ！

自作ロボで勝負！

全日本ロボット相撲大会

1989年からはじまった大会です。参加者は、自分でつくったロボット力士を使い、土俵から相手のロボットを押し出します。全国で地区予選が行われ、勝ち上がると「全日本ロボット相撲全国大会」へ進むことができます。

連絡先：富士ソフト株式会社
全日本ロボット相撲大会事務局

URL：https://www.fsi.co.jp/sumo/

さらに！ さらにレベルアップ

全日本ロボット相撲全国大会

全国大会は、毎年12月に両国国技館という大きな会場で行われます。日本だけでなくヨーロッパ、北米、南米、アジアなどの海外のチームも出ています。プログラムで自動で動く自立型と、人が動かすラジコン型のロボットで、いろいろな国の人たちが競いあい、お互いに技術を学びあう、世界中からも注目されている大会です。

ニュースで話題！

通信技術で未来をつなぐ

マルコーニ賞

電話やインターネットなど、みんなが使う「通信」に関する発明が対象の賞です。この賞を受賞できるのは、世界中の人たちがもっと便利に話したり、情報を送ったりできるようにするために、大事な発明をした人たちです。

マルコーニ賞って何？

遠くの人と無線で話せる技術を作ったグリエルモ・マルコーニをたたえて、1975年にはじまった賞です。無線やデータ通信、ネットワーク、インターネットの分野で成果をあげた人が表彰されます。日本人では猪瀬博さんが1976年に受賞しました。猪瀬さんは「光ファイバー」という光の力を使って、情報を速く遠くまで送信する技術を開発。この研究は、今の高速インターネットの基礎を作ったとても大切な発明です。

「ノーベル化学賞」を受賞

化学物質の薬と毒の性質のうち、有益なものだけを選び作り出すことに成功！

インタビュー

野依良治さん
名古屋大学教授（受賞時）
科学技術振興機構研究開発戦略センター
名誉センター長（現在）

ノーベル化学賞のメダル

写真提供：名古屋大学

薬と毒。両面の性質を持つ物質から安全なものだけを選択して作る技術

野依良治さんは「不斉触媒による水素化反応の研究」でノーベル化学賞を受賞しました。分子には、人間の右手と左手のように、同じ構造ではあるけれど、性質が相反するものが存在します。長年の研究から、このような左右の物質を作り分けることのできる「BINAP-ルテニウム」という触媒を完成させます。薬と毒という両面の性質を持っている物質を、意図的に良いものだけ選択して合成することに成功したのです。この技術は、安全な薬や香料、食品作りに大いに役立ち、ノーベル化学賞の受賞へとつながりました。

中学生のころ、お父さんと一緒に行った「産業技術発表会」での出来事が化学の道を目指すきっかけになったそうです。「ある企業の方が、当時はまだ新しかった化学繊維のナイロンが、石炭と水と空気からできているというのです。それでできるの？ と驚きましたね」と野依さん。それから化学に夢中になったそうです。

世界で最も権威のある賞

「ノーベル賞」

ダイナマイトの発明家、スウェーデンのアルフレッド・ノーベルの遺言に基づき、1901年に設立。「前年に人類に最大の貢献をもたらした人々」に賞金・賞状・メダルが授与される。現在は、『医学・生理学』『物理学』『化学』『文学』『平和』それに『経済学』の6つの分野からなる、世界における最高権威の賞。

ノーベル化学賞受賞へ導いた「BINAP－ルテニウム」の模型を手にする研究室での野依さん

野依さんの道のり

小2

「毎日小学生新聞」を読みはじめる

中1

父に連れられて、産業技術発表会の説明会を聞くことに。ここで「ナイロンが石炭と水と空気でできている」ことを知り、衝撃を受ける。化学者を志すきっかけとなる

33歳

名古屋大学の教授に就任

56歳

「日本学士院賞」受賞

62歳

「文化勲章」受章

63歳

不斉触媒による水素化反応の研究で「ノーベル化学賞」受賞

82歳

「歴史的化学論文大賞」受賞

自分にしかできないことに粘り強く挑戦し続ける

野依さんは、ノーベル化学賞の賞金約2800万円とメダルを名古屋大学に寄付しました。それらは、次の世代の青少年育成に役立てられます。「私は、後の世代に責任を負っています。自分が死ぬときに、社会を、生まれたときと同じかそれ以上にして次世代に渡す倫理的義務があります」と野依さんは強い信念を語ります。「有用物質の合成は当時、自然界の生物反応に任せておけばいいという考えが支配的でしたが、それに我慢がならなかった」。この執念が、後世に残る大きな成果につながり、ノーベル化学賞受賞へと導きました。

未来へ

自分で考え、自分で解決するこだわりを

「事実は真実の敵なり」。ミュージカル「ラ・マンチャの男」のセリフです。目の前の事実だけにとらわれていると、その真意や狙い、背景に気づかなくなるという意味です。「水はなぜ流れるのか、雲はなぜ落ちてこないのか」。スマートフォンで調べても本当のことはわかりません。自分で問題を見つけ、自分で答えを導くという習慣をつけてほしい。それが人生を豊かにします。隣の友だち、先生とだけ話すのではなく、ちがう世代、ちがう国の人と知りあってほしい。それが自分の視野を広げ、勘がはたらく人間へと成長させます。失敗の中にも、成功のヒントがあります。いろいろな角度から真実を追求する「鳥の目」を持ちましょう。

実験が好きな君にぴったりの賞

疑問に思ったことや科学の不思議などを、自分で実験し、追求していくことは楽しいこと。ここでは実験の成果を評価してもらえる賞を紹介します。

すぐにチャレンジできる！

不思議だと思うことに注目！

朝永振一郎記念「科学の芽」賞

自然現象の不思議を発見し、観察・実験して考えたことをまとめましょう。自然科学の分野で、実験を通した新しい発見を募集しています。

応募要項

募集部門：小学生部門・中学生部門・高校生部門
応募資格：小学校3年～6年、中学校、義務教育学校、高等学校〔高等専門学校3年次までを含む〕、中等教育学校、特別支援学校〔小学部3年～高等部〕の個人もしくは団体
応募方法などの詳細：筑波大学
https://www.tsukuba.ac.jp/community/students-kagakunome/
応募期間：8月中旬～9月中旬（詳しくは上記WEBサイトをご確認ください）

ユニークな発想！ 粘り強い探求心

夏休み ヨーグルト&発酵食 自由研究コンテスト

みそ、しょうゆ、ヨーグルトなど身近な食卓には発酵食品がいっぱい。発酵食品にテーマを絞った自由研究を大募集。発酵の不思議を自分なりに実験してみよう！

応募要項

募集テーマ：ヨーグルト・発酵食についての自由研究
応募資格：全国の小学1年生から中学3年生
応募方法などの詳細：タニカ電器販売株式会社
https://subaruya.com/summer-research2024/
応募期間：2024年8月1日～2024年9月19日（2024年の場合）

2024年グランプリ

第16回「科学の芽」賞の盾

レベルアップ

自然と科学してみませんか

自然科学観察コンクール

全国の小学生・中学生が参加できるコンクール。自然の中にあふれている不思議なことに着目し、自分なりに研究してその結果をまとめてみましょう。応募作品は、すべて講評コメントつきで返却してくれます。自分の研究の成果を評価してもらえるチャンスです。

連絡先：自然科学観察研究会 **URL：**https://www.shizecon.net/
主催：毎日新聞社、自然科学観察研究会
後援：文部科学省 **協賛：**オリンパス株式会社

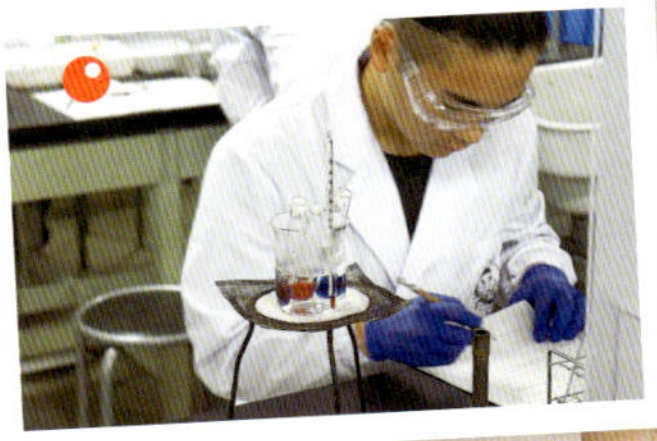

さらにレベルアップ！

合宿を通して、化学の実力を競いあう

化学グランプリ

日本全国の中高生を対象に、化学の実力を競いあう場として1999年より毎年開催されているコンテスト。毎年海の日に、全国の会場で一次選考（マークシート式試験）を実施。一次選考を通過した約80名が二次選考に参加し、実験を伴う記述式試験にチャレンジ。このコンテストで優秀な成績を収めた生徒は、日本代表として国際化学オリンピックに参加できます。

連絡先：公益社団法人 日本化学会 化学グランプリ事務局

URL：https://gp.csj.jp/

さらに！ さらにレベルアップ

国際化学オリンピック（IChO）

化学グランプリの優秀な成績の学生が参加できる化学の世界大会。毎年7月に開催されます。今では世界の90の国・地域から300名以上の高校生が参加する大きな国際大会となっています。大会期間中は、開催国の文化や歴史に触れるイベント、スポーツの体験、国際交流など、いろいろな行事に参加できます。

さらにレベルアップ！

物理の楽しさ、おもしろさを体感！

全国物理コンテスト（物理チャレンジ）

20歳未満で高等教育機関に在学していない高校生・中学生を対象にした全国規模の物理コンテストです。第1チャレンジの「理論問題コンテスト」と「実験課題レポート」の総合結果上位100名が、夏休みに3泊4日の合宿で実施される第2チャレンジに進出。「理論」と「実験」、それぞれ5時間で行われるコンテストにチャレンジします。第2チャレンジ成績優秀者の中から国際物理オリンピックの日本代表選手候補者を選出。物理好きな人はぜひ挑戦してください！

連絡先：公益社団法人 物理オリンピック日本委員会

URL：https://www.jpho.jp

さらに！ さらにレベルアップ

国際物理オリンピック

各国からの代表が参加する物理の国際的コンテストで、約80の国や地域から、高等教育機関就学前の人が参加。第1回目は1967年にポーランドで開催。国際的な交流を通じて参加国の物理教育が一層発展することを目的に、毎年開催されています。

世界的に有名な賞！

日本人も多くの受賞者がいる日本のお家芸

ノーベル化学賞

ノーベル化学賞は、世界最高峰の賞と言われるノーベル賞の一部門。ノーベル賞は、ダイナマイトの発明者として知られるアルフレッド・ノーベルの遺言によって創設されました。この賞を受賞できるのは、化学の分野において重要な発見あるいは改良を成し遂げた人たちです。日本からも多くの受賞者が出ていて、今後も注目すべき賞です。

ニュースで話題！

受賞人数に制限なし!?

ブレイクスルー賞

ブレイクスルー賞は、基礎物理学、生命科学、数学の3部門からなる自然科学における国際的な学術賞。「科学界のアカデミー賞」とも言われています。2016年の基礎物理学賞は、「ニュートリノ振動の観測実験に貢献した」として1377人の研究者たちが受賞。これだけ多くの人数の受賞は初めて。「現代の科学は、国際的で多様でたくさんの人が関わるもの」というメッセージが込められていると話題になりました。

「マリア・スクウォドフスカ＝キュリー賞」を受賞

世界で初めて、宇宙のはじまりを知るための観測方法を提案！

インタビュー

森脇可奈さん

東京大学大学院 理学系研究科附属
ビッグバン宇宙国際センター 助教（31歳）

マリア・スクウォドフスカ＝キュリー賞のトロフィー

宇宙をもっと知って、多くの人にも伝えたい

森脇さんの研究は、AI（人工知能）を使って、宇宙を観測するときに邪魔になるノイズを将来の観測データから取り除くというもの。「私は、宇宙や銀河がどのようにできて、どう進化してきたかを研究しています。このとき、望遠鏡を使うのですが、どんな最先端の望遠鏡を使っても、自分が観測したい星や銀河が、ノイズと言われる見たい天体以外の星の光に埋もれてしまうんです。このノイズを除去するためにどうしたらいいかを研究してきました」。受賞の知らせを受けたときは、その通知のメールの文字を「本当に？」と何度も見返すほど、驚いたそうです。ポーランド大使館での授賞式ではその注目度の高さに、「『女性研究者』である自分が、多くの人に宇宙のことを発信していけたら、もっともっと宇宙に興味を持つ人が増えるのではないかなと思えた」と話します。

ポーランド大使館で行われた授賞式でのスピーチの様子

羽ばたく女性研究者賞

「マリア・スクウォドフスカ＝キュリー賞」

キュリー夫人としても有名なマリー・キュリー（ポーランド出身の物理学者・科学者）にちなんだ賞。科学技術振興機構（ＪＳＴ）と駐日ポーランド共和国大使館が、女性研究者の活躍を後押しすることを目的として創設した賞で、国際的に活躍が期待される日本の若手女性研究者に贈られる。

森脇さんの道のり

小6

小学6年生のときに、板橋区の作品展に出展された「宇宙飛行士」の絵画

27歳

理論天文学のシンポジウム「若手発表賞」を受賞

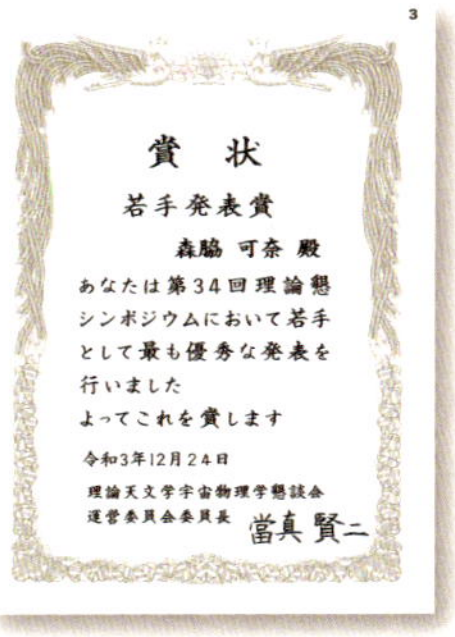
3

賞 状

若手発表賞

森脇 可奈 殿

あなたは第34回理論懇シンポジウムにおいて若手として最も優秀な発表を行いました

よってこれを賞します

令和3年12月24日

理論天文学宇宙物理学懇談会

運営委員会委員長 當真 賢二

28歳

博士論文が、「International Astronomical Union PhD Prize honourable mention」を受賞

CERTIFICATE

IAU PHD PRIZE 2022

Division J Galaxies and Cosmology HONOURABLE MENTION AWARDED TO

Kana Moriwaki

BY THE INTERNATIONAL ASTRONOMICAL UNION (IAU)

DEBRA MELOY ELMEGREEN
IAU PRESIDENT

KIM-VY TRAN
Division J Galaxies and Cosmology PRESIDENT

XXXII IAU GENERAL ASSEMBLY

IAU

31歳

「マリア・スクウォドフスカ＝キュリー賞」受賞

授賞式でトロフィーを受け取る森脇さん

研究は試行錯誤の繰り返し

「この研究は将来の観測のためのもので、まだ実際の観測データがありません。だからAIに学習させるための正しいデータが何なのかがわかって、現実的に使用できるようになるまで試行錯誤の連続でした。データがちがっていると、ノイズの除去がうまくいかないのです。ただ、このときに学んだおかげで、問題やいろいろな手法が出てきても、自分にとっての解決法を見つけられるようになった」と言います。

未来へ

月に天文台を置くことも夢じゃない?

小学生のころは算数パズルや、友だちとスポーツをするのが大好きでした。今の研究テーマである宇宙物理学を勉強したいと思ったのは、高校生のころ。先生が「物理は暗記するのではなく、1つひとつの結果の積み重ねで成り立つ」と教えてくれたことで興味を持ったのがはじまりです。最近は火星や月の探索が活発です。今まで研究してきた観測方法を使って実際に観測したり、月に天文台を置くというプロジェクトにも参加したりしたいと思っています。みなさんにも、好奇心を大切にしてほしいなと思っています。

研究が好きな君にぴったりの賞

自分の好きなこと、興味があることは、とことん知りたいと思うもの。その想いが、探求心につながります。「研究」を突きつめた人がチャレンジできる賞を紹介します。

すぐにチャレンジできる！

なぞは算数・数学で解ける!?

「算数・数学の自由研究」作品コンクール

テーマは自由。普段の生活で感じた「なぜ？」「どうして?」の疑問を、算数・数学の力を利用して解決しましょう。数理的に課題を研究することで、見えてくる法則がきっとあるはず。

応募要項

募集部門： 小学校低学年の部、小学校高学年の部、中学生の部、高等学校の部
応募資格： 小学生、中学生、高校生
応募方法などの詳細： 一般財団法人 理数教育研究所
https://www.rimse.or.jp/research/index.html
応募期間： 2024年8月20日～9月6日必着（2024年の場合）

学校の学習で感じた疑問をとことん研究しよう！

全国小・中学生作品コンクール

全国の小中学生に自由研究のきっかけと発表の場を設け、研究する楽しさを知ってもらいたいという目的で作られたコンクール。学校での学習を発展させ、研究・調査した作品を募集しています。

応募要項

応募資格： 全国の小学1年生から中学3年生
応募方法などの詳細： 子どもの文化・教育研究所
https://child-lab.com/sakuhin/index.html
応募期間： 2024年9月1日～9月30日（2024年の場合）

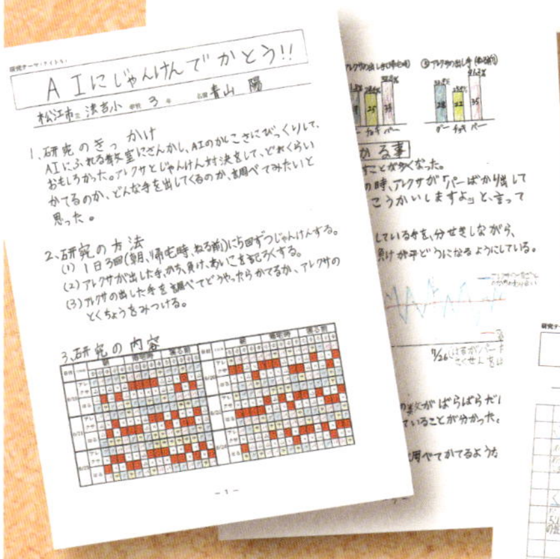

「算数・数学の自由研究」作品コンクール2023年度 塩野直道賞（小学校低学年の部）

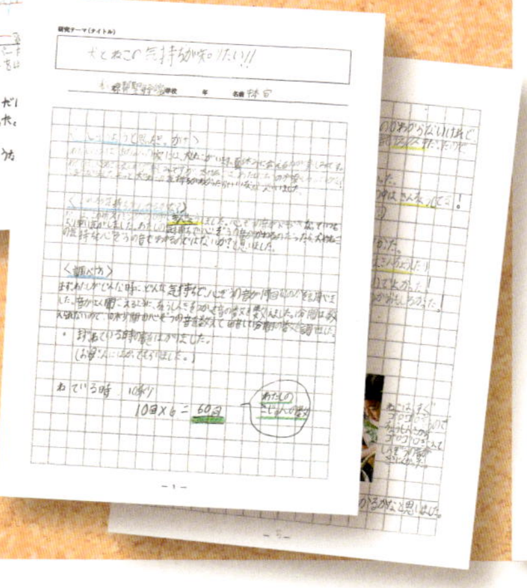

「算数・数学の自由研究」作品コンクール2023年度 文部科学大臣賞

レベルアップ

あなたの探究心を大人たちがチェック！

自由すぎる研究®EXPO

タイトルにあるように、テーマは自由。部活動、社会課題、新しい発見など、身の回りにあるさまざまな分野の研究を募集しています。対象は、全国の中高生。個人でもチームでも参加可能です。自由な発想で考え、探究し、研究の成果をまとめた作品を、社会の一線で活躍する企業や大学の大人たちに評価してもらえるチャンスです。

連絡先： 自由すぎる研究EXPO事務局
URL： https://tankyu-skill.com/expo/irexpo/

さらにレベルアップ！

生命の持つおもしろさを、とことん研究

日本生物学オリンピック

全国の20歳未満、大学に入学する前の青少年を対象とした生物学に関するコンテスト。各地方で予選会が行われ、そのうち約80名が3泊4日の合宿形式の本選に進むことができます。本選出場者のうち、高校2年生以下の成績優秀者には、代表選抜試験を実施。優秀者4名が日本代表として国際大会に出場できます。

連絡先：国際生物学オリンピック日本委員会

URL：https://www.jbo-info.jp/jbo/index.html

さらに！さらにレベルアップ

国際生物学オリンピック（IBO）

生物学において優秀な学生を集めてその才能を伸ばし、将来の科学者を育成することが目的で、1990年から開催されているコンテスト。国内予選を通過した各国の代表者が、生物学の知識を競ったり、研究の成果を発表しあったりします。また、期間中は、参加者同士の国際交流も盛んに行われます。2024年のカザフスタン大会には、世界81カ国から300人以上が参加。日本代表の4名は、全員が銀メダルを獲得しました。

さらにレベルアップ！

生命科学の不思議を研究！

高校生バイオサミット

バイオサイエンスとは、微生物、植物、動物のさまざまな働きを解明する生命科学の学問。高校生バイオサミットは、全国の高校生・高専生が、バイオサイエンスの研究成果や計画を発表しあうコンテストで、2011年より開催されています。研究成果を発表する「成果発表部門」、これから実施する研究の構想を発表する「計画発表部門」が設けられ、優れた研究を選びます。

公式webサイト：https://www.bio-summit.org

さらに！さらにレベルアップ

iGEM
(The International Genetically Engineered Machine competition)

毎年11月ごろにマサチューセッツ工科大学で行われる国際コンテストで、「合成生物学のロボコン」とも呼ばれます。大学生や高校生からなるチームが、遺伝子組み換えなどで新たな微生物を合成し、研究の独自性、有用度や活動成果などの内容を競います。2023年度は世界66カ国から約400のチームが参加。日本からは10チームほどが参加して好成績を収めました。

ニュースで話題！

賞金は1億円！

アーベル賞

4年に一度、40歳以下の若手数学者に限って贈られるフィールズ賞（➡29ページ）に対し、アーベル賞の選出は毎年あります。年齢制限もありません。さらに注目はその賞金額。フィールズ賞が約200万円なのに対し、アーベル賞は約1億円の賞金が贈られます。

アーベル賞って何？

ノルウェーの数学者ニールス・ヘンリク・アーベルの生誕200年を記念して2002年に創設された賞。数学界でもっとも名誉ある賞のひとつで、数学の分野で優れた業績を収めた研究者に贈られます。アーベル賞の目的は、社会における数学の重要性を再認識してもらい、特に子どもや若者たちに数学の魅力を伝えること。「数学のノーベル賞」とも呼ばれています。

「ラモン・マグサイサイ賞」を受賞

アジアのノーベル平和賞！
砂漠を緑に変えた医師が、65万人の命を救う！

中村 哲さん

医師

（PMS/ピース・ジャパン・メディカルサービス
総院長、ペシャワール会現地代表）

ラモン・マグサイサイ賞のメダル

写真：Wikimedia Commons

アフガニスタンとパキスタンの国境地帯で、戦と病の痛みを癒やし続けた医師

日本で医師として働いていた中村さんは、1984年、パキスタン北西部の町ペシャワールにある病院に赴任。医療活動中に、アフガニスタンで干ばつによる水不足の問題に直面します。大地が干上がり、水も食料もない子どもたちは、仕方なく不衛生な泥水を飲んで生きしのいでいる状態。多くの子どもたちが、下痢で亡くなっていきました。「100人の医師より、1本の用水路が必要」と感じた中村さんは、56歳のとき、用水路づくりに着手します。

「灌漑施設（河川や地下水から水を引き、給水、排水すること）があればひとつの『村』を救うことができます。村が息を吹き返すのを見たかったんです」。この情熱と功績がたたえられ、2003年に「ラモン・マグサイサイ賞」平和・国際理解部門を受賞しました。難民や山岳部の貧しい人たちの病気などを治療し、戦乱によって苦しんでいる人たちを献身的に支えたことが評価されたのです。さらに2019年には用水路によって65万人もの人を飢えから救ったとして、アフガニスタン政府から「名誉市民権」を与えられました。

深い井戸にもぐる中村さん

アジアのノーベル賞

「ラモン・マグサイサイ賞」

フィリピン大統領ラモン・マグサイサイの功績をたたえて設立された賞。毎年アジアの平和や発展に尽くした個人や団体に贈られ、「アジアのノーベル賞」とも呼ばれている。2024年には平和や環境の問題をテーマに数多くのアニメーション映画を手がけた宮崎駿監督が選ばれている。

中村さんの道のり

小3 昆虫採集で山を歩くのが大好きで、夢は昆虫博士

19歳 「世のため、人のためになることをしたい」と九州大学医学部に入学

31歳 海外登山隊の医師としてティリチミール（パキスタンとアフガニスタンにまたがる山）へ。途中、治療を受けたい多くの村人に出会うが、救えない人がいたことが心に残り、その後パキスタンを訪れるようになる

37歳 ペシャワール会発足。医療器具などの治療に必要なものがそろわない中で、ハンセン病の治療に注力する

45歳 アフガニスタンに診療所を開く

53歳 干ばつにおそわれたアフガニスタンに井戸を掘りはじめる

56歳 「ラモン・マグサイサイ賞」受賞

干ばつがひどくなり、井戸水が枯れはじめたため、約13kmの用水路工事を行う。「ラモン・マグサイサイ賞」平和・国際理解部門を受賞

64歳 マルワリード用水路が完成。生活水に加えて農業や酪農、養蜂などができるようになり、飢えから解放

73歳 アフガニスタン政府から「名誉市民権」を与えられる。作業に向かう途中、命を奪われる

写真提供：ペシャワール会

きっかけは昆虫採集！

福岡県で生まれ育った中村さんは、小さなころは昆虫が大好き。虫取り網を持って、山を走り回る少年でした。将来の夢は昆虫の研究者だったそう。そんな中、「人の役に立てるように」とお父さんから「医学書」を買い与えられます。高価な医学書を父が借金をして買ってくれていることを知り、そんな父親の気持ちを背負って、医者になることを志しました。福岡の病院で医師として働いているころ、珍しいチョウを見るために、アフガニスタンとパキスタンの境にある高い山に登ります。この国に興味を持つきっかけとなりました。

今いる場所で、自分にできることをいっしょうけんめいに

中村さんが赴任したペシャワールの病院は、ピンセットはねじれ、聴診器は壊れていて、決して恵まれた環境ではありませんでした。隣の国アフガニスタンでは、戦争が起きていて、食料や水も不足していました。自分がここですべきことは、医療活動だけではない。そう感じた中村さんは、7年もの年月をかけて、アフガニスタンで用水路を完成させました。用水路周辺には、木が植えられ、蜂蜜作りもはじまり、酪農も再開。ミルクやチーズの生産を行うように。住民たちの生活は、大きく変わりました。

人類や社会に貢献した人に与えられる賞

人類がみな平等で、幸せに暮らせる世界を作ることは全世界共通の願い。そのために自分なりにアイデアを出し、力を尽くした人のための賞を紹介します。

すぐにチャレンジできる！

みんなで幸せの種まきを！

SYDボランティア奨励賞

クラス、子ども会、生徒会などでボランティアの体験・実践活動をしている個人・団体に与えられる賞。身近なボランティア活動に参加して、文部科学大臣賞を狙ってみよう。

応募要項

募集テーマ：私（たち）の幸せの種まき（ふれあい、思いやり、よろこびを伴ったボランティア体験や実践）
応募資格：ボランティア体験あるいは実践をしている個人および学校などのグループ
応募方法などの詳細：公益財団法人修養団
https://syd.or.jp/recruitment/encouragement/
応募期間：2024年11月30日必着（2024年の場合）
表彰：文部科学大臣賞1点、優秀賞3点、特別賞数点

自分の想いを1分間で世界に発信！

One Minute Videoコンテスト

世界の今に目を向け、1分間の映像言語を通して、自分たちのメッセージを世界へ向けて発信し、自己表現力を養い、言葉の壁を越えて興味や意見、夢や希望を分かちあうコンテストです。

応募要項

募集テーマ：毎年のテーマに沿った1分間の動画作品
応募資格：小学生から大学生・専門学校生
応募方法などの詳細：OMV運営事務局
https://oneminute.jp/
応募期間：2024年7月1日～8月4日（2024年の場合）

コンテストは生配信

水環境保全と緑化のボランティア活動で、第18回SYDボランティア奨励賞の小・中学生の部で優秀賞を受賞した猪苗代中学校

レベルアップ

あなたのアイデアで世界を平和に！

子ども世界平和サミット

世界の平和を創るあなたのアイデアを募集しています。1～3分のスピーチ動画と原稿を作って応募してください。優秀作品に選ばれると、衆議院議員第一議員会館で開催される「子ども世界平和サミット」でスピーチできます。

連絡先：一般社団法人ピースピースプロジェクト
URL：https://peacepieceproject.com/cwps/

さらにレベルアップ！

すべての命が調和した平和な未来のために！

五井平和賞

2000年に創設した五井平和賞は、教育、科学、文化、芸術などの分野で、地球と人類の未来が平和になり、持続的にその平和を未来につなげていくことを目的に設立されました。五井平和財団の理念は「あらゆる生命が調和しあえる新しい時代の平和な世界のビジョンを示し、そのような世界を実現すること」。この理念に基づき、世界的に平和の文化の推進に寄与した個人・団体に授与されます。

連絡先：公益財団法人五井平和財団

URL：https://www.goipeace.or.jp/work/award/

さらにレベルアップ！

環境について考えるもうひとつのノーベル賞

ライツ・ライブリフッド賞

空気・土壌・水質などの環境保護や人権を守る活動、持続可能な開発など、地球で起きている深刻な悩みに直接的に取り組み、解決策を見出そうと行動している人をたたえ、支援するために1980年に設立された賞。生活クラブ生協は、食の安全、健康的な環境を守るべく活動を続けている団体で、1989年に日本で初めてこの賞を受賞しました。

ニュースで話題！

ノーベル平和賞に５度も落選したガンジー

ガンジー平和賞

争いをしない姿勢を貫き、自分の名がつく平和賞が創設されたガンジーですが、本人はノーベル平和賞に５回ノミネートされるものの、一度も受賞歴がありません。理由ははっきりしていませんが、ガンジーの死後、ノーベル委員会は彼に一度も賞を授与しなかったことに、公式に後悔の念を表明しています。

さらに！ さらにレベルアップ

人権の分野での目覚ましい活躍をたたえる

国連人権賞

格差や人種差別をなくすために活躍をした人に贈られる賞で1966年に国際連合によって創設。1968年の世界人権年から５年ごとに授与されています。これまでの受賞者には、アメリカで人種差別撤廃を求めたマーティン・ルーサー・キング氏や、アフリカで黒人を差別するアパルトヘイト政策廃止のために活動したネルソン・マンデラ氏、14歳で結婚を認めるというタンザニアの結婚法に立ち向かって勝利したレベカ・ギウミ氏などがいます。

さらに！ さらにレベルアップ

安心・安全な世界の実現に貢献

ノーベル平和賞

ノーベル賞の１部門で、国際紛争の解決や人道支援、核廃止などの活動をした個人や団体に授与。2024年は「日本原水爆被害者団体協議会（日本被団協）」が受賞。被爆者の立場で核廃止運動や被爆者救済のための活動をしたことが受賞理由。日本人の受賞は50年ぶり。1974年に選ばれた元内閣総理大臣・佐藤栄作氏の受賞理由は「核兵器を持たず、作らず、持ち込ませず」という非核三原則の表明によるものでした。

ガンジー平和賞ってなに？

マハトマ・ガンジーの生誕125年を記念して、インド政府が創設した賞で、非暴力によって社会や政治などに変化を与えた個人や団体に与えられます。ガンジーは、200年もの間イギリスの支配下にあったインドで、非暴力・不服従の運動を主導して独立をもたらした人物です。2018年度は、日本財団会長の笹川陽平氏が受賞。日本人として初めての受賞となりました。

「日本学生科学賞」で内閣総理大臣賞を受賞

好き！を探求して新種のきのこを発見！研究を通して、自然環境保護に取り組む

インタビュー

和田匠平さん
神戸市立上野中学校2年生（受賞当時）
慶應義塾大学生（現在）

日本学生科学賞
内閣総理大臣賞
のトロフィー

好きを突きつめることが、成功への近道！

和田匠平さんは、物心ついたころからきのこが大好き。中学生のときには日本各地の砂浜に生息するスナジホウライタケを研究して自由研究として発表。砂浜のきのこの未知の部分を調べるために、日本全国の海岸を観察し、実験をしました。そして、このきのこにいくつかの種が混じっている可能性があることを示したり、新種候補を発見したりするなどの功績が評価され、日本学生科学賞で内閣総理大臣賞を受賞。高校のときは、スナジホウライタケは地下茎のある海浜植物を宿主に選び、地下茎から水分確保している可能性があることや、自分の身を守るために鎧のように砂をまとっていることなどを生態研究として発表。科学の国際大会ISEFにファイナリストとして出場。その健闘をたたえられて、文部科学大臣特別賞を受賞しました。「きのこだけでなく、生物全般、自然はなんでも大好きで、今までたくさんの先生方や周りの大人の人に教えてもらいながら勉強し、成長できました」と語る和田さん。現在は大学できのこの研究を続けています。

身の回りの疑問や不思議を科学的に解明
「日本学生科学賞」

未来の優秀な科学者を生み出すため、1957年に創設。理科教育に基づく中学・高校生対象の公募コンクールとしては、国内で最も伝統と権威のあるもの。物理、化学、生物、地学、広領域、応用数学、情報・技術の7つの部門で都道府県ごとの地区予選を行い、優秀作品が全国大会へと進む。

木の根元や落ち葉の中は、きのこにとって居心地の良い場所。お目当てのきのこに出あえるのも、こんな場所

研究したい気持ちが、どんどんわいてくる

和田さんは、「きのこ王子」とも呼ばれ、和田さんの生活には小学生のころから常にきのこが身近にありました。実家の部屋には1000を超えるきのこの標本があり、リビングにはきのこ専用冷蔵庫も。生物全般が大好きで、稲作りや田んぼの生き物調査をお手伝いすることも。このころから「将来は生物学者になり、自然を守る活動をしたい」と夢を語っていたそうです。好きなことを追い続ける姿勢が、受賞歴につながったのです。

和田さんの道のり

小1　「神戸市小学校理科・生活作品展」で青少年科学館賞受賞。地元神戸のきのこ研究会に入会

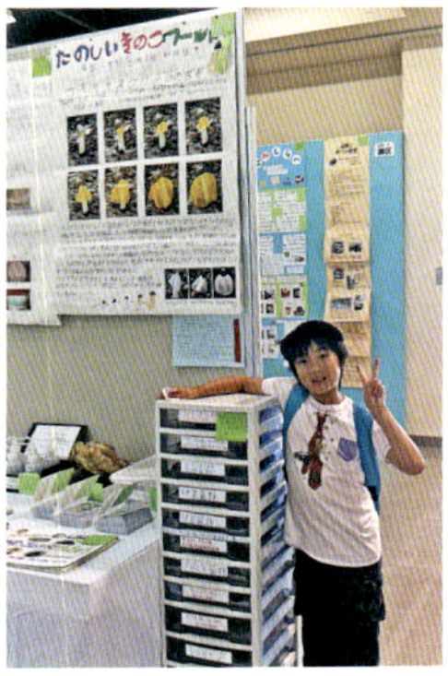

小2　夏休みの生活自由研究が「神戸市小学校理科・生活作品展」で受賞。以降小6まで同作品展で毎年受賞

中1　「神戸市立中学校理科作品展」など3つのコンクールで受賞

中2　「日本学生科学賞」中学生の部　内閣総理大臣賞を受賞

中3　「こうベユース賞」、「神戸市立中学校理科作品展」など4つのコンクールで受賞

高2　「高校生科学技術チャレンジ（JSEC）」で荏原製作所賞を受賞

高3　「日本学生科学賞兵庫県コンクール」、「日本学生科学賞高校生の部」の2つのコンクールで受賞

大1　「リジェネロン国際学生科学技術フェア（Regeneron ISEF）」にファイナリストとして出場。その健闘をたたえられて、文部科学大臣特別賞を受賞

子どものころから大人にも負けないきのこへの探求心

和田さんがきのこに興味を持ったのは2歳前。まだヨチヨチ歩きのころでした。遊びに行った公園に生えていた“きのこ”のとりこに。いろいろな色や形、匂いが楽しく、神出鬼没なきのこ。きのこを見つけるのは宝探しゲームを楽しんでいるようでした。夢中になって勉強を進めていくうちに、その生態のおもしろさに魅了されます。7歳のころには、地元のきのこ研究会に入会し、大人にまざって研究に没頭していました。家族もアウトドア派で、自然の中で遊ぶ機会が多く、自然とたくさん触れ合う中で、生物に興味を持つようになりました。

「好き！」の先にある いろいろな賞

好きなこと、やってみたいこと、もっと知りたいことを、自分の中に閉じ込めていてはもったいない！ その挑戦を仲間や大人に見てもらったり、評価したりしてもらえる発表の場があります。賞につながる挑戦をしてみましょう。

すぐにチャレンジできる！

やりたいことを、おもいっきりやろう！

小中学生トコトンチャレンジ

自分の好きなことをトコトン研究していきたい小中学生を応援する次世代教育プログラムが「小中学生トコトンチャレンジ」。あなたの中にある「好き」、「やってみたい」というものを書いて応募しましょう。

応募要項

募集テーマ：テーマを選んで応募
応募資格：小学校3年生～中学校3年生
応募方法などの詳細：
株式会社誠文堂新光社（子供の科学）、株式会社リバネス
https://www.kodomonokagaku.com/ksp/

理想の未来を創造しよう！

未来の科学の夢絵画展

子どもたちが、未来の科学の夢を自由な発想で表現することで、科学的な探究心と創造力を育てることを目的としています。こんな社会になったらいいなと思う理想の未来を、画用紙に自由に表現しよう。

応募要項

募集部門：小学校・中学校の部／幼稚園・保育園の部／外国人学校の部
募集テーマ：あなたが思い描く「未来の科学の夢」を自由に表現してみよう!!
応募資格：全国の幼稚園保育園児（学年満年齢4歳以上）～中学生／外国人学校の1～9年生
応募方法などの詳細：
公益社団法人発明協会 青少年創造性グループ
https://koueki.jiii.or.jp/hyosho/kaiga/kaiga_yoko.html
応募期間：各都道府県発明協会などによる

小中学生トコトンチャレンジの中間発表会はYouTubeでライブ配信

未来の科学の夢絵画展の優秀作品は展覧会で掲示

ロボット好き、集まれ！

小学生ロボコン

小学生なら誰でも参加できる、ロボット好きのためのコンテスト。与えられた競技課題に、自分のアイデアで作ったロボットと挑戦します。2024年の予選会のテーマは「ベストフレンドロボット」。制限時間２分以内に、相棒ロボットと、決められた文房具をゴールまで運びます。予選会を突破すると全国大会に出場できます。

連絡先：小学生ロボコン実行委員会（ＮＨＫエンタープライズ・科学技術館）

URL：https://official-robocon.com/shougakusei/

プロからのミッションに小学生が挑む！

小学生探究グランプリ

小学生がさまざまな職業を題材に、プロの仕事に挑戦し、創作、表現、実践を競いあう新しい形の探究学習コンテスト。開催期間によって、募集テーマが異なり、ユーチューバー、研究者、建築家などに子どもたちがなりきります。やってみたいことに挑戦し、その道のプロが評価、審査を行う、自ら新しいモノ・コトを生み出す楽しさ、ワクワクを体感できるコンテストです。

連絡先：探究学習100 運営事務局

URL：https://www.tanqgrandprix.com/

地球と水の未来を考えよう

日本水大賞

私たちが住む地球は水の惑星と言われています。水は自然界で循環し、その恵みで私たちを含む生き物は命をつないでいます。半面、洪水や水不足といった災害の原因になってしまうこともあります。また、私たちは生活する中で知らずに水を汚したり、人間以外の生き物の生活の場を奪っていたりします。日本水大賞は、このような問題に立ち向かう優れた活動を行っている個人や団体に贈られる賞です。

連絡先：日本水大賞委員会事務局
（公益社団法人 日本河川協会）

URL：https://www.japanriver.or.jp/taisyo/

１年間の環境活動の集大成

こどもエコクラブ 全国エコ活コンクール

こどもエコクラブとは、3歳から高校生までの間なら誰でも参加できる環境クラブです。主に環境保全活動、環境学習などを行っています。毎年、1年間の活動をまとめた作品を募集する「全国エコ活コンクール」を開催。優秀な作品には環境大臣賞・文部科学大臣賞などが授与されるほか、全国大会である「こどもエコクラブ全国フェスティバル」に参加するチャンスもあります。

連絡先：こどもエコクラブ全国事務局

URL：https://www.j-ecoclub.jp/challenge/alleco_action/

2023年壁新聞道場に届いた「こどもエコクラブくしろ」と「半田こどもエコクラブ」の壁新聞

「国際子ども平和賞」を受賞

世界の子どもたちを知り、日本の若者と政治のつながりを広げる

写真提供：KidsRights2022

川﨑レナさん

インターナショナルスクール
高校2年生（受賞当時）
米国イェール大学生（現在）

国際子ども平和賞のトロフィー

自由に参加できて、参加したいと思える社会に

幼稚園のころからインターナショナルスクールに通う川﨑さんは、8歳のときに、日本で使わなくなったランドセルがアフガニスタンに送られ、紛争で学校に通えなくなった子どもの机がわりにまでになっている事実を知ります。自分は毎日学校に通い、教育を受けているのに、世界にはさまざまな理由で教育を受けられない子どもたちがいることにとても驚いたと言います。「朝起きて、『今日は学校に行きたくない』と感じる自由が、私にはあります。一方で、この子たちは教育を受けるために、毎日闘わなくてはならない。『どうして？』という思いと、怒りが込み上げました」。何か彼らのためにできることはないかと考え、文化祭などでお手製のカードなどを販売し、その売り上げを難民キャンプに送ったことが活動のきっかけです。コロナ禍ではオンラインを駆使して積極的に行動し、14才で環境や人権問題などに取り組む国際的な組織「アース・ガーディアンズ」の日本支部を設立しました。

そして日本においては、若者の政治離れの問題に着目した川﨑さん。政治・環境・社会問題などへの若者の社会参加を促す取り組みが認められ、日本人で初めて、この賞を受賞しました。

株式会社ユーグレナの2代目CFO（Chief Future Officer：最高未来責任者）としての活動の様子

子どものために世界を動かした若者に送られる賞
「国際子ども平和賞」

2005年にミハエル・ゴルバチョフを議長としてローマで開催された、ノーベル平和賞受賞者世界サミットにおいて創設された賞。子どもの権利のために大きく貢献したチェンジメーカーに贈られる。歴代の受賞者には、ノーベル平和賞を受賞したマララ・ユスフザイさんなどがいる。

川崎さんの道のり

小4
『ランドセルは海を越えて』という本に出あい、衝撃を受ける

中2
若者の国際的組織「アース・ガーディアンズ」の日本支部創設

中3
株式会社ユーグレナの2代目CFOに就任

高1
自治体のインターンシッププログラムに参加／政治家と10代が自由に意見交換する場を積極的に開催

高2
「国際子ども平和賞」を受賞

写真提供：KidsRights2022

若者の声が重要視される社会へ

受賞のスピーチでは「変わりそうにない日本、自分の生まれた国、日本に誇りを持てないことについて、悔しさを感じ、活動をはじめました。私たち日本の若者は政治離れしていると言われますが、政治に興味がないのではなく、政治を信頼する理由が今はまだ見つからないことが多いのです。（中略）普通を取り戻そうとしてくれている大人たちがいる限り、日本は私が誇れる国になれるはずです」と語りました。日本では若者の政治離れが問題に。その理由を、若い人が政治や社会に無関心だからではなく、自分たちの意見はどうせ聞いてもらえないとあきらめているからだと分析します。

「国際子ども平和賞」の授賞式。プレゼンテーターはイエメンのノーベル平和賞の受賞者タワックル・カルマンさん

写真提供：KidsRights2022

子どものころ
子どもたちの環境のちがいに直面

インターナショナルスクールが夏休みの間だけ地元の公立学校に通ったそうです。「学校は楽しかったし、地元の友人もたくさんできました」。公立校にはさまざまな家庭環境の子どもがおり、私立のインターナショナルスクールとはちがう環境です。学校でもっと社会課題について学ぶ機会があれば、視野が広がり、自分たちで社会を変えようという問題意識が生まれるのではないかと考えた川崎さん。その想いが、現在の活動へとつながっています。

「世界青少年発明工夫展」で銅賞を受賞

インタビュー

指に巻くときのイライラを解決 誰でもはれるばんそうこうを発明！

宇賀持琴音さん

茨城県結城市立江川北小学校4年（受賞時）
茨城県結城市立江川北小学校6年（現在）

世界青少年発明工夫展のメダルと賞状

「テープが半分なければいいのに」を解決

いつもあちこちケガをする元気な琴音さん。ばんそうこうを指にまこうとすると左右のテープ同士がくっついてしまったり、よじれたりして上手にまけませんでした。そんなとき、お母さんはテープの片方を短く切ってくれました。でも、お母さんも家事で忙しいときに何度も頼まれるとめんどうで「初めからテープが半分なければいいのに」と言っていました。

小学3年生の夏休みの宿題に、「自分ひとりでも指にまきやすいばんそうこうを作ってみよう」と思ったそうです。ガーゼをはしに移動して片方のテープを短くすればお母さんと作ったばんそうこうのように貼りやすくなるにちがいないと考えた琴音さんは、傷に当てるパッドの部分をはがしては片側にずらして貼りつける作業を繰り返しました。そうしてできた完成品を「まきやすい指用絆創膏」として提出。小学校4年のときに「世界青少年発明工夫展」の代表になり、銅賞を受賞したのは、琴音さんの「困った」の解決案を形にしたものだったのです。

琴音さんの「困った」から、指にまきやすいばんそうこうが誕生

世界中の発明キッズが集合 「世界青少年発明工夫展（IEYI）」

発明品の展示やコンテストなどを通じて、世界各国の青少年の創造性と国際感覚を養う目的で創設された国際イベント。2004年に東京で第1回が開催され、以後主催国・地域を変えながら毎年実施されています。「IEYI」への参加者は、「全日本学生児童発明くふう展」、「未来の科学の夢絵画展」、「全国少年少女チャレンジ創造コンテスト」で優秀な成績をおさめたキッズの中から選ばれます。

宇賀持さんの道のり

小3

「まきやすい指用絆創膏」で「結城市児童生徒科学研究作品展」の金賞受賞。ほか、「茨城県発明工夫展県西地区展」、「茨城県発明工夫展」でも受賞

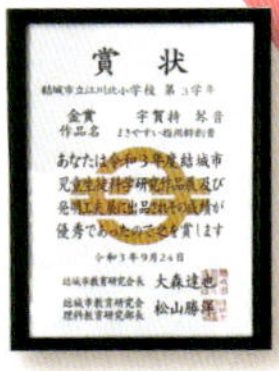

車椅子に座布団を固定し、ずり落ちないようにする工夫

小4

「世界青少年発明工夫展」で銅賞を受賞

「まきやすい指用絆創膏」が「全日本学生児童発明くふう展」の毎日小学生新聞賞を受賞、「世界青少年工夫展」の日本代表へ

「世界青少年発明工夫展」で銅賞を受賞した「まきやすい指用絆創膏」が、Matsukiyoから商品化される

小5

注射器のような形の絵の具の容器を作成。「第67回茨城県発明工夫展」で優秀賞受賞

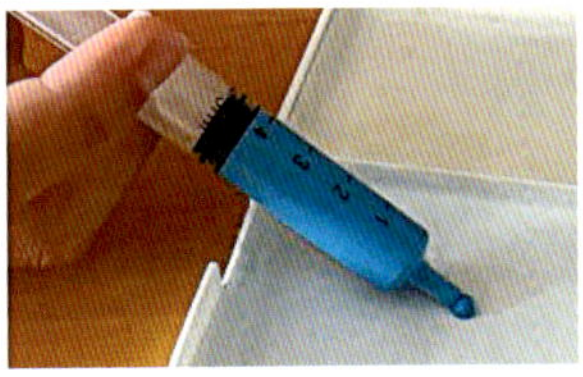

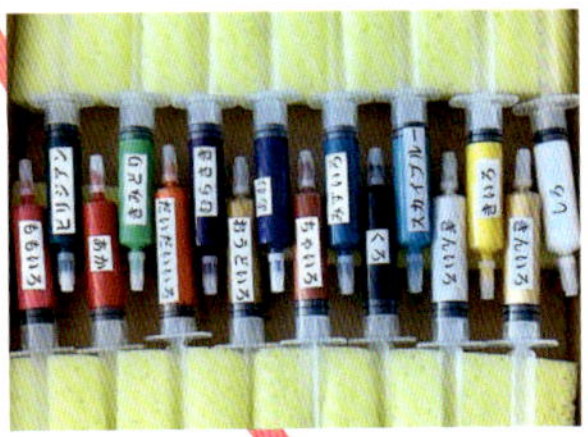

小6

ゴミ捨て楽々ピーラーBOXで「茨城県児童生徒発明工夫展地区展」で茨城県教育研究会長賞を受賞

こんな商品が実際にあったらうれしいと思う

琴音さんの受賞を知ったドラッグストアのマツキヨココカラ&カンパニーから、商品化したいという提案がありました。琴音さんは「びっくりしたけど、うれしかった」と言っています。2023年8月に発売された「matsukiyo 指にまきやすい絆創膏」は、売上ベスト10に入る好調なスタートを切りました。

今でも週2～3回くらいケガしてしまうという琴音さんも、このばんそうこうを使っています。友だちからも「使いやすい」「よかったよ」と好評です。

未来へ

身の回りの不便を解決するための発明

「身の回りの不便に気づいたら、それを解決するアイデアを形にしたいと思っています」と話すように、小学校4年のときには、ベルトを通して座布団を車椅子に固定し、ずり落ちないようにする工夫をしています。車椅子を使うおじいちゃんがずり落ちそうになって、介護するお母さんが困っているのを見ていたからです。また小学校5年のときは注射器のような形の絵の具の容器を作りました。絵の具を最後まで使い切れるし、出し過ぎたときも元に戻せるようになっています。「困ったことは身の回りにたくさんあります。これからも解決できるものを作っていきたい」と話しています。

世界のおもしろい賞

世界には、思わず笑ってしまうようなおもしろい賞、意外なテーマで募集している賞、誰もが知っている著名人が受賞している賞など、驚きの賞がたくさんあります。そんな賞のことを知って、世界の賞を身近に感じてみましょう。

おもしろくて、ためになる!?

イグノーベル賞

世界最高峰の賞であるノーベル賞のパロディーとして、1991年にアメリカで設立された賞。受賞の対象となるものは「人々を笑わせ、考えさせた業績」。どこかくすっと笑ってしまうような、でもおもしろいだけではなく、その研究手法にインパクトがあり、今後も使い道があると人を納得させられる研究に贈られます。

こぼれ話

日本人が18年連続で受賞!

毎年、10組に贈られる賞ですが、日本人は18年連続でこの賞を受賞。2024年の日本人受賞者は、東京医科歯科大学と大阪大学で教授を務める武部貴則さんらの研究チーム。肺で呼吸することが難しくなったブタなどの動物の腸に、高い濃度の酸素を含んだ特殊な液体をお尻から送り込む実験を行いました。この結果、「多くの哺乳類にお尻から呼吸する能力があることを発見した」と評価され、受賞となりました。

エジソンもアインシュタインも受賞

ベンジャミン・フランクリン・メダル

1824年に創設された科学分野の権威ある賞。毎年、生命科学、電気工学、地球および環境科学、化学、物理学、土木および機械工学、コンピューターおよび認知科学などがあり、優れた功績を残した個人に贈られます。歴代の受賞者には発明王のトーマス・エジソン、一般相対性理論で知られるアルベルト・アインシュタインなど著名人がいます。

こぼれ話

「時は金なり」の意味は「時間は金である、働け!」

ベンジャミン・フランクリンは、数々の名言を残したことでも有名。「時は金なり」はそのひとつ。日本人は「時間はお金と同じくらい大切だから浪費しないようにしよう」という意味でとらえていますが、彼の本意はちがったそう。ビジネスマン向けの格言として「半日働かなければ、日給の半分を捨てているのと同じ。だから、働け」という直球の意味が込められているそうです。

年齢制限・人数制限あり！の
「数学のノーベル賞」

フィールズ賞

カナダの数学者ジョン・チャールズ・フィールズによって設立された賞で、数学での優れた業績をたたえたもの。ノーベル賞には数学賞がないので、アーベル賞（➡15ページ）とともに「数学のノーベル賞」と言われています。アーベル賞との大きなちがいは、年齢制限と人数制限があること。また4年ごとに授与されることです。40歳までの数学者で、1回につき4人までの受賞者が選出されます。

こぼれ話

唯一の例外！ 受賞者は45歳！ 超難問「数学史上最大のミステリー」を証明

40歳という年齢制限がありながらも、唯一制限を超えた45歳で受賞した数学者がいます。300年以上も数学の天才たちに証明されなかった超難問『フェルマーの最終定理』の証明に成功した人物、アンドリュー・ワイルズです。ワイルズの論文は1995年に発表されましたが、この時点で42歳でした。本来なら賞の対象外にあるところ、この業績の重要性や歴史的快挙をたたえて、1998年にフィールズ賞の特別賞受賞となりました。

実は重要だった研究に贈られる賞

ゴールデン・グース賞

「最初は役に立たなそう」と思われたけれど、実は世の中に役立つ大発見につながった研究に贈られるアメリカの賞で2012年に創設。「ガチョウが金の卵を産む」という昔話から名づけられ、授賞式は毎年秋にワシントンで行われます。連邦政府が資金提供する基礎研究によって、人類や社会に大きな影響を与える研究を行った科学者が対象。

こぼれ話

19年間で85万匹のオワンクラゲを採取

第1回の受賞者の中には日本人の生物学者、下村脩博士も。彼らのチームは、特定のクラゲがどのように暗やみで光るかを研究し、緑色蛍光タンパク質を発見。この発見は、医学研究の進歩と、製薬およびバイオテクノロジー業界で広く使用される重要なツールへとつながり、ノーベル化学賞も受賞しました。

受賞者にはテレパシーで通知？

ピガサス賞

ピガサスとは、羽の生えたブタのことで、ペガサスのブタ版。絶対にありえないという意味を持つ架空のキャラクターです。ピガサス賞は、1997年以来、毎年エイプリルフールにジェームズ・ランディ教育財団（JREF）によって発表されていましたが、「受賞通知はテレパシー、トロフィーは念力で送る」と述べていました。現在はこの賞は存在しません。

こぼれ話

疑わしい主張を賞で暴露！

この賞の目的は、超心理学的、超常的、超能力的な詐欺を暴露し、人々を超常現象や疑似科学的な主張から守ること。マジシャンとして有名だったジェームズ・ランディは、世の中のイカサマを暴くために活動を続けました。彼は、超能力者として有名なユリ・ゲラーとも対立。ユリ・ゲラーから訴えを起こされ、大金を失うこともありました。

あの偉人が取った！賞

今、私たちが豊かで便利な生活を送れているのも、その昔、偉人たちがいろいろな研究、実験を行ってきたおかげ。誰もが知っている偉人たちも、その功績をたたえられ、数々の賞を受賞しています。

20世紀最大の物理学者・現代物理学の父

アルベルト・アインシュタインが取った「ノーベル物理学賞」

ドイツ生まれの物理学者。舌を出している写真で有名です。彼は、「光電効果」という金属に光が当たると電子が飛び出す現象を発見し、ノーベル物理学賞を受賞。この理論はのちに、ミクロな世界を明らかにする量子力学に発展しました。アインシュタインと言えば、時間や空間を支配する法則「相対性理論」が有名ですが、ノーベル物理学賞の受賞理由は、この研究ではなかったのです。

努力と粘り強さで1000以上もの特許を取得

トーマス・エジソンが取りそこねた「ノーベル賞」

トーマス・エジソンは、アメリカの発明家・事業家。生涯において、蓄音機、白熱電球、活動写真など、現代の生活に欠かせない製品を多く実用化させました。白熱電球を完成させるためには2万回もの失敗を重ねたとも言われていて、努力家としても有名です。この電気を普及させた功績によって、ニコラ・テスラとのノーベル賞同時受賞が検討されましたが、テスラが拒否したことからノーベル賞を取りそこねたと言われています。それでもエジソンが生涯で取得した特許(自分の発明を誰にもまねさせない自分だけの権利)の数は、1000以上。発明王と呼ばれる理由です。

現代のスマートフォンのルーツを作った発明家

アレクサンダー・グラハム・ベルが取った「ボルタ賞」

グラハム・ベルは電話機を発明したことで有名ですが、音響学、聴覚障害者への支援、教育分野においても偉大な功績を残しています。彼の発明により、人々は、離れた場所ですぐに声でコミュニケーションを取ることが可能となりました。この通信技術への貢献がたたえられ、電気に関連する驚くべき科学的発見に対して与えられる「ボルタ賞」を1880年に受賞。彼が設立した「ベル研究所」は、7つのノーベル賞も獲得しています。

人類で初めて空を飛んだ兄弟

ライト兄弟が取った「コリアー・トロフィー」

ライト兄弟は、世界で初めての動力飛行機を発明した兄弟。アメリカで自転車屋を営んでいた彼らは、自転車の技術を飛行機に応用します。1903年に、アメリカのノースカロライナの海岸で、初めてエンジンつき飛行機「フライヤー1号」で空を飛ぶことに成功。これらの功績がたたえられ、兄ウィルバーが亡くなった翌年の1913年に、アメリカ合衆国の航空宇宙技術の賞「コリアー・トロフィー」を弟のオービルが受賞しました。

宇宙の謎と魅力を世間に広めた学者

スティーブン・ウィリアム・ホーキングが取った「アルベルト・アインシュタイン・メダル」

スティーブン・ウィリアム・ホーキングはホーキング博士と呼ばれる、イギリスの宇宙物理学者。全身の筋肉が動かなくなっていく難病（ALS）を患いながら、宇宙の起源やブラックホールの謎について研究。また、宇宙論を一般向けにわかりやすく伝えることにも力を注いできました。その業績がたたえられ、1979年に、アインシュタインに関連する卓越した科学研究や業績に対して贈られる、「アルベルト・アインシュタイン・メダル」を授与されました。

STAFF

編集・制作 ● 高作真紀、平間美江（conté）
執筆協力 ● 山田幸子
イラスト ● 真崎なこ
デザイン ● 大悟法淳一、永瀬優子、
武田理沙、柳沢 葵（ごぼうデザイン事務所）

協力

株式会社オリィ研究所
国立研究開発法人 科学技術振興機構
特定非営利活動法人ペシャワール会
株式会社ユーグレナ

写真協力

フジモリ ミズキ

好きからはじまる！ 未来につながる
「世界の賞」
① 実験・発明・研究が好きなきみへ

2025年２月　初版第1刷発行

著　者　「世界の賞」取材班
発行者　三谷 光
発行所　株式会社 汐文社
〒102-0071　東京都千代田区富士見1-6-1
TEL 03-6862-5200　FAX 03-6862-5202
https://www.choubunsha.com
印　刷　新星社西川印刷株式会社
製　本　東京美術紙工協業組合

ISBN　978-4-8113-3194-2　NDC371
乱丁・落丁本はお取り替えいたします。
ご意見・ご感想はread@choubunsha.comまでお寄せください。